AF499774

Université de France.

ACADÉMIE DE STRASBOURG.

ACTE PUBLIC
POUR LA LICENCE,

PRÉSENTÉ

A LA FACULTÉ DE DROIT DE STRASBOURG,

ET SOUTENU PUBLIQUEMENT

le mercredi 15 juin 1842, à midi,

PAR

HENRI-ALFRED J. B. FAUGEYROUX,

NÉ A MELGVEN (FINISTÈRE).

STRASBOURG,
IMPRIMERIE DE G. SILBERMANN, PLACE SAINT-THOMAS, 3.
1842.

A MON PÈRE ET A MA MÈRE.

H. A. J. B. FAUGEYROUX.

FACULTÉ DE DROIT DE STRASBOURG.

M. Rauter, doyen.
M. Schützenberger, président de la thèse.

Examinateurs. MM. Schützenberger, Rau, Blœchel, Professeurs.
Eschbach, Professeur suppléant.

La Faculté n'entend ni approuver ni désapprouver les opinions particulières au candidat.

DROIT CIVIL.

DE L'ÉCHANGE (Art. 1702—1707).

INTRODUCTION.

Le contrat d'échange se perd dans la nuit des temps; dès que le besoin des transactions se fit sentir, on y eut recours. Avant l'introduction de la monnaie, nul ne pouvait acquérir une chose qu'en cédant à sa place une autre chose superflue ou moins utile que celle qu'on désirait se procurer : aussi est-ce dans l'échange, que le contrat de vente a puisé son origine, comme l'atteste la loi romaine, *origo emendi vendendique a permutationibus cœpit.* Aussi ces deux contrats, vente et échange, ont-ils ensemble les rapports les plus intimes d'analogie.

CONSIDÉRATIONS GÉNÉRALES.

Le Code civil définit l'échange, un contrat par lequel les parties se donnent respectivement une chose pour une autre; il eût dû ajouter, et qui n'est pas de l'argent.

C'est un contrat consensuel que parfait le seul consentement des parties; il n'est donc nullement besoin de la tradition pour qu'il y ait échange, et il n'y a plus lieu de distinguer entre les simples pactes et les contrats, comme en Droit romain.

C'est un contrat synallagmatique parfait, commutatif, à titre onéreux; ce n'est pas le *do ut des*, où il suffisait qu'un des contractants eût livré sa chose, pour que ce contrat réel innommé devînt un contrat unilatéral.

Comme dans tout contrat, la clause résolutoire est sous-entendue en cas d'inexécution des conventions stipulées (C. c., art. 1184).

Comme dans la vente, l'obligation de délivrer, l'obligation de garantie, soit pour cause d'éviction, soit pour vices redhibitoires, tout ce que la bonne foi impose au vendeur et à l'acheteur, s'appliquent également aux échangistes.

Les points de différence entre l'échange et la vente ne sont pas nombreux.

Dans la vente, il n'y a qu'une chose vendue, qu'un seul prix, qu'un vendeur, qu'un acheteur; dans l'échange, chacune des deux choses est à la fois la chose vendue et le prix, chaque contractant est à la fois vendeur et acheteur.

Dans l'échange, l'obligation de garantie est réciproque; dans la vente, cette obligation ne pèse que sur le vendeur. La rescision pour cause de lésion a lieu dans la vente; elle ne peut exister dans l'échange (C. c., art. 1706).

Le prix de la chose vendue ne peut consister qu'en argent; dans l'échange, les deux équivalents sont des choses de même nature, assez souvent de même espèce, dont l'une est subrogée à l'autre (C. c., art. 1559), et remarquons que dans cette circonstance il n'y a pas aliénation aussi profonde, aussi radicale que dans la vente. L'échange a donc paru compatible avec la conservation du patrimoine de la femme, et ne présenter rien d'inconciliable avec le principe si rigoureux de l'inaliénabilité de la dot.

Rien n'empêche d'échanger une chose d'une nature pour une chose d'une nature différente; rien n'empêche d'échanger un immeuble contre un ou plusieurs meubles, bien que quelques auteurs, s'appuyant de l'autorité des feudistes, aient prétendu que tout contrat où il y a d'un côté des objets mobiliers, constituait un contrat de vente.

Le droit commun ne peut accepter une jurisprudence qui ne pouvait avoir de valeur que dans la matière spéciale des lods et retraits, si hérissée d'anomalies. La force seule des analogies, des raisons spéciales d'exception, avaient pu déterminer la jurisprudence féodale sur les lods et le retrait lignager, à absorber le premier de ces contrats dans le second.

L'échange d'un immeuble contre un meuble ne peut avoir le caractère d'une vente, puisque le prix en argent est de l'essence de la vente. *Emptio fit pretio permutatio fit rebus.*

Donc, lorsque dans un contrat le prix ne consiste pas en argent monnayé, il y a échange et non pas vente.

Il faut cependant apporter un correctif à ce principe constant, et décider que la simulation ne peut l'emporter sur la réalité des faits, et qu'il faudrait rendre au contrat son véritable caractère, s'il résultait des circonstances qu'il y eût double intention d'opérer une vente et de la déguiser sous les apparences d'un échange.

Il peut y avoir dans le même contrat vente et échange. Quand l'échange ne se fait pas but à but, lorsqu'il y a stipulation du payement d'une soulte en argent, il y a vente jusqu'à concurrence de la soulte.

Suivant que le prix formant la soulte sera inférieur à la chose, ou qu'il excédera la valeur de cette chose, il y aura échange, et la soulte ne sera qu'un accessoire, il y aura vente, et l'échange ne sera que l'accessoire; et si la soulte présentait une valeur égale à celle de la chose, il faudrait consulter les circonstances, l'intention des parties, le nom même qu'elles ont donné au contrat pour décider s'il y a vente ou s'il y a échange.

Ces distinctions sont de la plus haute importance; car si le caractère de vente était tellement marqué qu'on ne pût l'enlever au contrat, et que ce contrat fût entaché de lésion, il y aurait lieu à rescision, non-seulement jusqu'à concurrence de la soulte, mais le contrat en entier serait resceindé (L. 6. § 1, *D. de actionibus empti*).

Si vendidi tibi insulam certâ pecunia, et ut aliam insulam meam reficeres, agam ex vendito ut reficias.

L'unité du contrat n'est point une règle absolue, et fléchit devant la perception des droits d'enregistrement; il n'y a de vente qu'à proportion de la valeur de la soulte, et le droit n'est perçu que jusqu'à concurrence de cette valeur; le surplus ne paye que comme contrat d'échange. Il en était de même dans l'ancien Droit (Arr. de Cass., 28 avril 1830, art. 69, § 5, loi du 22 frimaire an VII).

L'estimation de l'une des choses qui sert à l'autre d'équivalent, ne saurait enlever à l'acte son caractère d'être un contrat d'échange; et vouloir remplacer cette chose par l'évaluation qui lui a été donnée, ne serait qu'une violation de la loi des parties.

Il n'est cependant pas défendu de modifier le contrat d'échange par des stipulations particulières. On pourrait en altérer la simplicité par la clause de substitution d'un héritage à celui qu'on aurait d'abord livré, par la convention de la numération, d'une somme d'argent, en cas d'éviction d'un des immeubles échangés. Que ce cas arrive, et l'acte sera réputé vente, par rapport à l'immeuble non évincé (Fonmaur, art. 340).

Au moyen de l'échange, le fonds inaliénable de la femme sort de cet état de séquestration qui paralyse le mouvement de la propriété; et un effet fort remarquable de ce contrat, c'est que la chose reçue à la place de la chose donnée, lui est subrogée de plein droit, qu'elle se revêt de toutes ses qualités extrinsèques.

Cette règle n'est pas tellement formelle, ce n'est point un principe si absolu, qu'on ne puisse y déroger par une convention particulière et expresse, que la femme ne puisse renoncer au bénéfice de la subrogation réelle de l'art. 1407 (Cour de cass., 31 juillet 1832).

Si, par l'effet de la subrogation, la chose reçue revêt toutes les qualités extrinsèques attachées à la chose donnée, il n'en est pas de même des qualités intrinsèques telles que l'hypothèque, et toutes charges de même nature, substitution, droit de retour, clause résolutoire; ce ne sont pas là des qualités extrinsèques qui ne survivent pas à l'aliénation et périraient sans le secours de la subrogation.

CHAPITRE PREMIER.

De la nature et de la forme de l'échange.

L'échange s'opère par le seul consentement et de la même manière que la vente.

Contrat consensuel par dérogation au Droit romain, le consentement a même dans ce contrat, sous l'empire du Code civil, plus d'énergie que dans l'ancien Droit; l'accord seul entre les parties suffit pour transférer la propriété; il n'est nullement besoin du fait matériel de la tradition.

Le consentement peut se manifester verbalement, ou par lettre missive, ou par acte sous seing-privé, ou par acte authentique. D'où il résulte que l'écriture n'est requise dans l'échange que comme preuve de l'existence du contrat, et que dans un échange avoué, aucune des parties ne peut se refuser à son exécution.

Il ne faudrait apporter d'exception à ce principe, qu'autant qu'une convention eût exigé, comme condition suspensive, que l'acte fût rédigé sous seing-privé, et que l'écriture ne serait pas encore venue lui donner sa perfection ce qui ne laisse pas la distinction posée par Justinien, de subsister dans notre Droit avec toute la force qu'elle puise dans la saine raison (L. 1, § 2, *D. de contrah. empt.* Gaius., *Inst.* 3, 136).

Alors le consentement n'est censé déclaré qu'autant qu'un acte en contient l'expression; l'échange est en suspens tant que l'acte n'a pas été passé ; il n'existe pas, et chacun peut changer d'avis et se dédire.

L'art. 1325 voulant que les actes sous seing-privé, contenant des conventions synallagmatiques, ne soient valables qu'autant qu'ils auront été faits doubles, s'oppose donc à ce qu'il soit contracté aujourd'hui *per epistolam*, et la disposition de l'art. 109 du Code de commerce ne serait qu'une exception introduite en faveur du commerce (Toullier).

L'art. 1325 n'est qu'une erreur législative qu'il faut renfermer dans son texte littéral ; quand il parle d'actes sous seing-privé contenant des conventions bilatérales, il n'a en vue que des actes en bonne forme, que doivent signer les deux parties, et ne se réfère nullement à la correspondance, aux lettres missives qui ne sont point des actes en forme ; et d'ailleurs l'art. 109, en disant que les achats et ventes se constatent par actes publics, par actes sous signature privée, par la correspondance, etc., ne reconnaît-il pas que la correspondance est autre chose qu'un acte sous seing-privé ?

Mais à quel moment s'opérera la conclusion d'un échange dont on a traité par lettres missives ?

Celui qui a reçu ma lettre est initié à mes intentions ; une acceptation dans sa réponse suffit pour qu'il y ait concours de deux volontés, pour qu'il y ait contrat, toutefois avec cette restriction qu'il faut persistance de volonté chez le provocateur du contrat, et qu'une seconde lettre arrivant avant la première en révoquerait le contenu ; de plus, il ne suffit pas qu'il y ait persévérance chez l'auteur de la lettre jusqu'à la réception, il faut qu'il y ait persévérance jusqu'à l'adhésion du correspondant.

Il faut donc que la correspondance fasse preuve du consentement à l'échange, qu'elle contienne la manifestation d'un consentement bilatéral, c'est-à-dire la production de la lettre de celui qui a fait la proposition, de la réponse de l'autre partie pour faire connaître son acceptation.

L'adhésion de celui à qui l'offre a été faite par une lettre missive, pourrait cependant se prouver par un fait d'exécution qui tiendrait lieu de réponse de sa part.

L'acte sous seing-privé, contenant les conventions du contrat d'échange devra être fait double (C. c., art. 1325). Cet article exige, en outre que chaque original fasse mention du nombre des originaux.

De la négligence de l'une des parties, de sa confiance à ne pas exiger un original, on ne peut, ce semble, conclure que facilité, imprudence, imprévoyance chez celui qui ne veille pas mieux à la conservation de ses droits, et non pas que l'original présenté muni de la signature de toutes les parties, ne fait pas preuve littérale de la convention. Le même article ajoute que le défaut de mention du *fait double* ne saurait être opposé par celui qui a exécuté la convention : c'est un progrès sur la jurisprudence du Châtelet qui ne voulait pas que le vice pût être couvert par l'exécution (Aix, arrêt du 23 novembre 1813).

Cet acte, fait double, pourrait-il servir de commencement de preuve par écrit? M. Duranton et quelques arrêts professent la négative. MM. Toullier, Merlin, Delvincourt, la jurisprudence des Cours royales se prononcent pour l'affirmation.

L'art. 1347 ne définit-il pas le commencement de preuve par écrit, tout acte par écrit qui est émané de celui contre lequel la demande est formée, ou de celui qu'il représente, et qui rend vraisemblable le fait allégué?

Le consentement peut être pur et simple ou conditionnel, et quand l'échange est fait sous une condition suspensive, et il ne faut pas que cette condition puisse dépendre du plein arbitre de l'une des deux parties. On peut encore conférer la condition à la volonté d'une tierce personne, s'en rapporter à son arbitre (C. c., art. 1592). La convention peut aussi être mixte, dépendre de la volonté de l'un des contractants et d'un tiers.

Quant à la conditon résolutoire, elle a toujours lieu de plein droit, pour le cas où l'une des parties refuse de remplir ses obligations.

L'échange peut enfin porter sur deux ou plusieurs choses alternatives.

Si la condition ne faisait pas dépendre l'obligation du pur arbitre des parties, s'il n'y avait qu'une condition potestative, qui tout en reposant sur un fait personnel à l'un des contratants, ne le rendrait pas maître de paralyser l'obligation, il faudrait la respecter dans la convention.

Lorsque la condition est suspensive, l'échange n'est parfait qu'en ce sens, que l'un ou l'autre contractant ne peut en discéder sans le consentement de l'autre.

De telle sorte que si l'un des copermutants vient à mourir dans l'intervalle, ses héritiers devront tenir l'échange comme si le contrat était pur et simple; c'est en effet, un principe, que l'événement de la condition purifie le contrat, qu'il est censé avoir été pur et simple dès le commencement, et ce principe, en cas de faillite de l'un des coéchangistes, oblige les syndics de faire délivrance lorsque la condition s'est réalisée.

Sous d'autres rapports, l'échange sous une condition suspensive n'acquiert sa perfection que par l'événement de la condition. Tant que la condition est en suspens, la propriété n'a pas été transférée, chaque copermutant est resté maître de sa chose, elle est à ses risques et périls, il en fait les fruits siens; il y a plus, il peut faire un échange pur et simple de cette chose; mais l'événement de la condition amènerait l'annulation de cet échange. *Resoluto jure dantis resolvitur jus accipientis.*

Quant à la condition résolutoire, elle ne suspend pas l'échange; le contrat pur et simple, dans son principe, reçoit une exécution immédiate, sauf résolution si la condition se vérifie; la résolution seule est en suspens.

Chaque coéchangiste peut, pendant la suspension, faire des actes conservatoires sur la chose promise en échange de sa chose, et s'il meurt, il transmet son droit à ses héritiers. Car qui stipule pour soi, stipule pour son successeur (C. c., art. 1122).

La résolution se fait *ex causa primava et antiqua*, de sorte que tous les droits acquis, *medio tempore* par des personnes tierces, sont anéantis. Chaque copermutant est censé avoir eu la propriété et possession de sa chose, ce qui n'empêche pas que chacun ne fasse siens les fruits provenant de la chose qu'il a reçue en échange de la sienne.

Comme dans l'ancienne jurisprudence, les conditions résolutoires casuelles agissent de plein droit, la résolution ne saurait ressortir d'un jugement; la convention l'a produite par sa propre énergie (C. c., art. 960).

Le système du Code civil n'est pas moins certain, en ce qui concerne les conditions résolutoires potestatives affirmatives; la définition de l'art. 1183 reproduit tout ce que l'ancienne jurisprudence nous apprend sur ces conditions.

Quant aux conditions potestatives négatives, il ne faut pas perdre de vue la distinction que pose le Code, entre les clauses résolutoires tacites qui sont toujours liées à des conditions potestatives négatives, et les clauses résolutoires expresses.

La loi nouvelle refuse à la condition résolutoire sous-entendue la résolution de plein droit; disposition non équivoque de l'art. 1184 que corroborent les dispositions des art. 956 et 1655 du Code civil.

Dans la clause résolutoire expresse elle refuse au juge tout pouvoir de vérifier les causes de retard de l'inexécution des engagements.

Qui peut échanger.

Le principe général est que toute personne est capable de contracter si elle n'en est pas déclarée incapable par la loi. Les incapacités sont donc des exceptions qui ne se suppléent pas, et qui ne doivent jamais s'étendre aux cas non prévus. Les incapables de contracter sont : les mineurs, les interdits, les femmes mariées, les prodigues, les établissements publics, et l'État comme propriétaire de biens domaniaux.

Le mineur étant incapable de contracter, ne peut échanger, et cependant celui qui a contracté avec le mineur, est obligé envers lui, quoique le mineur ne soit réciproquement engagé par aucun lien de droit.

Tout échange fait par un mineur est nul, s'il l'a été sans observer les formalités exigées par la loi; et pour en obtenir la nullité, il n'est besoin de prouver aucune lésion (art. 1184) ; dès qu'il y a incapacité, le remède de la lésion est inutile (Pothier, *Traité des personnes*, p. 616).

Allons plus loin, et ne craignons pas d'avancer que la simple lésion suffit pour que le mineur puisse se faire restituer contre les conventions dans lesquelles il a été légalement représenté ou autorisé (art. 1305). C'est là qu'est la différence qui existe entre le mineur et le majeur; cette distinction, le Code l'a maintenue dans l'art. 2252, en ne le soumettant pas à la prescription, dans l'art. 481 du Code de procédure civile, en le recevant à se pourvoir contre les jugements dans lesquels des moyens décisifs de défense ont été omis, bien que représenté par son tuteur.

Mais la loi a tellement multiplié les précautions pour les aliénations des biens immeubles, elle les a environnées de tant de garanties, avis, et assistance de parents, consultations de jurisconsultes, informations d'experts, publicité, enchères, etc., pour déconcerter la fraude, qu'il y aurait luxe dans l'échange à réserver au mineur des moyens de se faire relever, danger pour les tiers, en les tenant dans la perplexité.

La précaution que le Code prend d'énoncer chaque cas où la minorité n'est pas un motif pour se prévaloir contre la lésion, prouve d'une manière évidente que le principe général est le droit de se plaindre de la lésion simple, alors même que l'acte est valable en la forme.

De tout ce qui vient d'être établi, il faut conclure avec l'art. 1705 du Code civil, que la rescision pour cause de lésion n'a pas lieu dans le contrat d'échange, même en faveur du mineur, lorsqu'il a été fait avec toutes les formalités exigées par la loi.

Les interdits pour démence ou imbécillité sont placés par l'art. 1124 dans la même catégorie que les mineurs, et de même que celle des mineurs, leur incapacité est relative.

Le mineur émancipé ne peut aliéner ses immeubles qu'en se conformant aux mêmes dispositions que celles prescrites pour l'aliénation des immeubles du mineur en tutelle.

La loi du 24 mars 1806 exige les mêmes formalités pour le transfert d'une rente sur l'État excédant 50 fr.

Quant au transfert qui n'excéderait pas 50 fr., il n'a besoin que de l'assistance de son curateur.

Pour tous les actes de simple administration, il peut procéder par lui-même et sans assistance.

A l'égard des femmes mariées, qu'elles soient communes ou séparées de biens, elles ne peuvent acquérir ou aliéner à titre gratuit ou onéreux sans le concours de leur mari, sans son consentement, qu'on peut suppléer en justice en connaissance de cause (art. 219).

Si la femme était séparée de corps ou seulement de biens, elle pourrait échanger son mobilier dont elle a la libre disposition (art. 1447).

Ceux qui, pour cause de prodigalité, sont placés sous l'autorité d'un conseil judiciaire, ne peuvent rien aliéner, rien acquérir, par conséquent rien échanger sans l'assistance de leur conseil (art. 513).

Pour échanger les biens du mineur, le tuteur est astreint à remplir certaines formalités.

L'échange du mobilier, il peut le faire en présence du subrogé tuteur; mais il n'en est pas de même des immeubles : il faut l'avis des parents, observer les solennités qu'exige les art. 955 et suivants, formalités dispendieuses qui ruinent le mineur au lieu de le protéger.

Le maire d'une commune ne peut échanger de son chef les choses qui appartiennent au corps de la communauté; et pour que la communauté elle-même puisse échanger, il faut qu'elle soit autorisée par une ordonnance rendue sur la proposition ministérielle, et d'après la demande formée par le conseil municipal, transmise au ministre par le préfet, avec son avis appuyé de la preuve que le projet d'échange n'a donné lieu à aucune opposition fondée.

Cette même incapacité est celle des établissements publics, tels qu'hospices, communautés religieuses et autres fondations.

Autrefois les biens qui forment le domaine de l'État étaient inaliénables, les concessions faites par le prince n'étaient réputées que comme de simples engagements révocables à bon plaisir.

Aujourd'hui, en vertu de l'art. 8 de la loi du 22 novembre 1790, cette aliénation est permise.

L'accusé de crime capital n'est pas de droit incapable d'échanger; ce n'est que pour raison de fraude dont l'appréciation est abandonnée à la sagesse du juge, qu'un acte d'échange passé par une telle personne pourrait être attaqué.

Le mort civilement peut échanger; la peine qui le frappe ne fait que le retrancher de la société civile et ne lui enlève pas les avantages que le droit naturel ou le droit des gens assure à l'homme.

Le copropriétaire d'une chose indivise peut également échanger sa part dans cette chose avant le partage.

Le failli ne peut échanger, car il est dessaisi de la propriété de ses biens; tous les échanges qu'il aurait faits dans les dix jours qui précèdent l'ouverture de la faillite, seraient également nuls, s'ils avaient été faits en fraude des créanciers.

On peut échanger par soi-même ou par procureur. Le mandat de procuration doit être exprès; le mandat conçu en termes généraux n'embrasse que les actes d'administration.

Obligation de délivrer.

La volonté des parties vient de consommer le contrat d'échange;

l'exécution doit suivre, il faut la délivrance réciproque de chacune des deux choses promises. Cette délivrance ne sera parfaite que par le transport de la chose en la puissance et possession de l'échangiste; il faut qu'elle transfère la propriété pleine et exclusive; d'où il résulte que la preuve apportée par l'un des copermutants que la chose reçue n'appartenait pas à l'autre contractant, le dispense de livrer celle qu'il avait promise, qu'il a le droit de faire résilier le contrat en rendant la chose reçue.

Du reste dans l'échange comme dans la vente la résolution est subordonnée à la preuve que la chose est à autrui, et le simple trouble émané d'un tiers dont le droit serait incertain, ne donnerait lieu qu'à une simple suspension de délivrance jusqu'à la cessation du trouble (art. 1653).

Si la chose reçue ét at grevée d'hypothèque ignorée lors du contrat, la résolution étant un remède extrême affectant d'une manière fâcheuse le droit de propriété, le cédant peut payer ce qu'il doit, ou obtenir, en cas d'hypothèque légale, la restriction accordée par les art. 2143-2144.

Ce n'est pas une cause certaine d'éviction, il n'y a que danger et menace, que le copermutant suspende la délivrance jusqu'à la disparution du trouble par le cédant dans un certain délai; il faut s'en référer à l'art. 1653 qui modifie la rigueur de l'art. 1704 dont la sévérité n'est juste que pour le cas qu'elle prévoit et doit être limité à ce cas.

Si les parties se sont respectivement dessaisies, il n'y pas lieu à demander la nullité de l'échange, s'il y a trouble dans la possession. *Si meum recipere velim, repetatur quod datum est, quasi ob rem datam re non recuta* (Paul, L. 5, § 1, *D. de præscr. verb.*)

L'autorité de ce texte, combinée avec ce principe que l'échange de la chose d'autrui est nul, ne doit laisser aucun doute sur l'action en résolution du contrat, lorsque l'une des parties vient à prouver que la chose reçue appartient à autrui.

Une nullité d'acte ne pouvant être une cause de garantie, l'acquéreur, qui s'en est rendu complice, n'aurait droit de s'en plaindre, et dans ce cas ne peut être recevable à troubler un état de choses qu'il a contribué à créer par son propre fait, sous prétexte de dangers ultérieurs. Ainsi dans l'échange d'un bien, appartenant à une femme mariée, et aliéné avec son consentement, s'il y manquait une formalité établie dans son intérêt, la demande en nullité est irrecevable de la part de l'acquéreur qui a connu le défaut de forme.

Toutes les fois qu'un copermutant vient à être évincé pour une cause antérieure au contrat, il peut opter, conclure à des dommages et intérêts, représentant la valeur de la chose dont il a été dépouillé, ou répéter celle qu'il a livrée, à moins que par un pacte exprès inséré dans le contrat, chacun ne se soit chargé du péril de la chose échangée, que la cause d'éviction n'ait été déclarée par l'échangiste.

Il peut même, en prenant le second parti, réclamer des dommages et intérêts pour loyaux coûts et autres causes (art. 1630, C. c., art. 1184.) .

Le copermutant qui opte pour la répétition de sa chose a même une action contre les tiers, auxquels elle aurait été transmise par l'autre échangiste avant la demande en résolution (Art. 1184). Cet article sous-entend la clause résolutoire dans tous les contrats synallagmatiques, et l'art. 1654 autorise l'acheteur à qui le prix n'est pas payé, à poursuivre la résolution de la vente et à l'exercer même contre le tiers détenteur qui n'aurait pas prescrit la propriété (Lyon), arrêt du 12 janvier 1839; Rouen, 28 juillet 1837).

Non-seulement le copermutant évincé a le droit de reprendre sa chose par l'action *in rem scripta*, mais il faut encore qu'il la ressaisisse franche, libre et exempte de toutes hypothèques et charges que l'autre copermutant ou tiers-détenteur aurait imprimées sur elle pendant sa détention.

De la rescision dans le contrat d'échange.

La rescision pour cause de lésion n'a pas lieu dans le contrat d'échange (art. 1706).

Le motif qui a fait rejeter la rescision dans la vente pour l'acheteur l'a fait exclure du contrat d'échange.

Ce contrat est également l'effet de la volonté libre et de la convenance des parties contractantes qui peuvent avoir été dominées par un motif de prédilection, comme l'acheteur dans la vente.

Chaque copermutant est à la fois vendeur et acheteur; demander la rescision comme vendeur, serait se la faire refuser comme acheteur.

Si l'échange était mélangé de vente, il faudrait décider s'il y a lieu à rescision d'après les distinctions que nous avons faites pour reconnaître si le contrat porte les caractères d'une vente ou ceux d'un échange.

Si l'échange ne peut être rescindé pour cause de lésion, il reste toujours attaquable pour cause de dol et de fraude caractérisée (Arrêt de la Cour de Colmar, 25 mars 1825).

CHAPITRE ADDITIONNEL (Art. 1707).

Malgré quelques nuances, la vente et l'échange ont une telle affinité que les règles du premier de ces contrats s'appliquent également au second, vérité de jurisprudence que proclame l'art. 1707.

La vente et l'échange se tiennent intimément par leur alliance avec l'équité; toutes les obligations qui naissent de la bonne foi qui doit régner dans la vente, dominent dans l'échange.

Les obligations sont les mêmes, soit qu'elles proviennent de clauses sur la qualité des choses échangées, soit qu'elles s'appuient sur des clauses relatives à la contenance.

L'échange de la chose d'autrui est nul, tout aussi bien que la vente de la chose d'autrui.

S'il y avait eu de la part des copermutants nomination d'experts, pour régler la manière dont se ferait l'échange, et que l'un des experts vînt à décéder avant l'expertise, il faut décider, d'après l'art. 1592, qu'il n'y a qu'un simple projet d'échange insuffisant pour lier les parties.

Les principes du contrat de vente sur le lieu et le temps de la tradition sont également applicables à l'échange. Tout ce qui concerne la garantie de la possession paisible de la chose vendue, et les défauts cachés dont cette chose peut être entachée, régit également les coéchangistes.

Chacun doit s'abstenir de tout acte qui tendrait à inquiéter l'autre partie, obligation qui engendre l'exception de garantie, à l'aide de laquelle chacun peut repousser toute action qui ne dériverait pas du contrat d'échange, et par laquelle l'échangiste, les héritiers ou cautions chercheraient, soit à déposséder le coéchangiste, soit à troubler ou à restreindre sa jouissance.

Chacun est responsable des défauts cachés de la chose échangée, lorsqu'ils la rendent impropre à l'usage auquel elle est destinée, ou qu'ils diminuent tellement cet usage que le copermutant ne l'eût pas acquise, ou qu'il se fût fait donner une soulte s'il les avait connus. Cette espèce de garantie ne concerne d'ailleurs que les vices qui existaient au moment du contrat.

La loi du 20 mai 1838 a modifié les principes concernant l'échange de certains animaux domestiques :

En limitant le nombre des vices redhibitoires (art. 1) ;

En supprimant l'action *quanti minoris* (art. 2) ;

En fixant à trente jours, et à neuf jours, suivant les cas, le délai dans lequel l'action redhibitoire doit être intentée ;

En imposant à l'acquéreur l'obligation de provoquer dans ce délai la nomination d'experts chargés de visiter l'animal échangé.

Dès l'instant que le consentement a rendu le contrat parfait et a déplacé la propriété, la chose échangée est aux risques de celui à qui elle a été promise. *Resperit domino.*

On peut faire une promesse d'échange, comme une promesse de vente.

Les doutes sur la partie du contrat relative à la chose cédée s'interprètent contre celui qui l'a cédée.

L'alinéation de droits successifs, par voie d'échange, faite à un étranger à la succession donne ouverture au retrait successoral consacré par l'art. 841 (Arrêt de la Cour de Limoges, confirmé par la Cour de Cassation).

De la combinaison des art. 1707, 1660, il résulte que le réméré peut être convenu dans les échanges comme dans les ventes, soit au profit de l'une des parties seulement, soit au profit de l'une et de l'autre et avec les conditions et modifications que les parties contractantes jugent à propos d'insérer au contrat, sans cependant qu'elles puissent utilement convenir d'un délai excédant cinq années; le délai stipulé pour plus de cinq années serait réduit à ce terme.

JUS ROMANUM.

DE RERUM PERMUTATIONE.

Est autem permutatio, contractus quo alter ab altero certam rem accipiendo, ad aliam certam rem ipsi præstandam se obligat. Est naturalis quædam inter emptionem et venditionem atque permutationem cognatio; tamen differt in pluribus. Et quidem non eadem sunt utriusque contractus substantialia; nam ut aliud est vendere aliud emere, alius emptor, alius venditor, sic aliud est pretium, aliud merx, quod in permutatione discerni non potest, uter emptor uter venditor sit. Et sine nummis venditio dici non potest, veluti si ego togam dedi ut tunicam acciperem, quid juris? Sabinus et Cassius esse emptionem et venditionem putant, nerva et proculus permutationem non emptionem hoc esse. Sed verior est nervæ et proculi sententia (L. 1, § 1, D.).

Multumque differunt præstationes. Emptor enim, nisi nummos accipientis fecerit tenetur ex vendito, venditori sufficit ob evictionem se obligari, possessionem tradere et *purgari* dolo malo, itaque si evicta res non sit, nihil debet; in permutatione vero, si utrumque pretium est, utriusque rem fieri oportet, si merx neutrius. Sed quum debeat et res et pretium esse, non potest inveniri quid eorum merx, et quid pretium sit.

Differt uterque contractus circa modum quo contrahitur. Nam item emptio ac venditio nudâ consentientium voluntate contrahitur, permutatio autem ex re traditâ initium obligationi præbet. Alioquin, si res nondum tradita sit, nudo consensu constitui obligationem dicemus : quod in his dumtaxat receptum est, quæ *nomen suim habent :* ut in emptione venditione, conductione mandato (L. 1, § 2, D.). Ex placito permutationis, nullâ re secutâ constat nemini actionem competere : nisi stipulatio subjecta ex verborum obligatione quæsierit partibus actionem (L. 3 au C. h. t. de actione).

Unde conveniens videtur permutatio adsignanda contractuum generi, quorum vis omnis a rei datione incipit; et etiam pactum de permutando perfectam in se habeat obligandi vim permutationem dicam : conventionem de rebus vicissim mutandis initam.

Cæterum non solum domina rerum permutantur, ad quod quidem permutationum genus plerumque præcepta sua referunt juris nostri auctores, verum etiam alia jura velut nomina (Cf. Weber ad Höpfner, § 802, note 6, n° 1. Gluck, *Pand.* XVIII, p. 112—116, *L.* 4, § 5, D. De præser. verbis, XIX, 5.)

Hac vero potissimum sunt quæ, quod ad vim attinet, atque effectum negotii, inter emptionem et venditionem. Rebus non divenditis, sed permutatis, impeditur, quominus exerceri possit protimiscos jus vel retractus. Fieri enim nequit, ut prorsus easdem alter in se recipiat conditiones, quas implere ille necesse habet, ad quem permutatione transeat res; venditori sufficit possessionem tradere propter evictionem se obligari et purgari dolo malo, in permutatione vero, quoniam una eademque res et pretium est et merx alter statim, alterius rem facere necesse habet.

Si emptio est et venditio alienam rem distrahere venditorem posse, nulla dubitatio; si permutatio est, non est eadem quæ in venditione ideoque Pedius ait, alienam rem dantem nullam contrahere permutationem (L. 28. *D.* de cont. empt. L. 1, § 3, h. t.).

Ut permutationis contractus perficiatur, non sufficit ut ex alterâ parte nuda rei traditio facta sit, oportet ut hujus rei dominum translatum sit. Ubi autem alter in alterum dominum transtulit, perficitur ex illâ parte contractûs, ex quo actio præscriptis verbis nascitur, quâ is qui accepit rem de quâ convenit, vicissim præstare teneatur.

Ad implendum id, quod aut ex lege aut ex conventione debetur præscriptis verbis agi quisque potest, verum tamen jus quoque est ei, qui pro sua parte implevit obligationem, ab adversario qui propter moram promisso suo haud stetit, repetere id, quod datum est. Unde si ea res, quam acceperim, vel dederim postea evincatur, in factum danda est actio. Igitur, ex alterâ parte traditione factâ, si alter rem nolit tradere non in hoc agemus, ut interest nostrâ illam rem accepisse, de quâ convenit, sed ut res contra nobis reddatur, condictioni locus est, quasi re non secutâ. Et si quidem pecuniam dem, ut rem accipiam, quia non placet permutationem rerum emptionem esse, dubium non est nasci civilem obligationem : in quâ actione id venit, non ut reddas, quod acceperis sed ut damneris mihi, quanti interest meâ, illud, de quo convenit accipere : vel si meum recipere velim, repetatur quod datum est, quasi ob rem datam re non secutâ, sed si scyphos tibi dedi ut stichum mihi dares, periculo meo stichus erit : ac tu duntaxat culpam præstare debes.

Rebus certâ lege traditis, si huic non pareatur, præscriptis verbis in certam civilem dandam actionem, juris auctoritas demonstrat.

Eadem veniunt in actione permutationis, quæ in actione empti. Unde, si quis rem titulo permutationis accepit, eâ lege ut servum vicissim præstaret, quoniam permutatio vicina est emptioni, sanum quoque, furtis noxisque solutum et non esse fugitivum servum præstandum, qui ex eâ causâ daretur.

Re simpliciter traditâ, transit statim dominium ad accipientem, licet hic nondum impleverit conventionis legem repetitur enim condictione (non vindicatione) id, quod datum est. Quamvis hîc quoque, similiter ut in emptione et venditione, casus periculum spectet ad eum, penes quem est petendæ rei obligatio.

Præterea jus illud quod solâ rei traditione, licet pure factâ dominium non transeat ad emptorem in singularibus emptionum venditionum juribus habendum est.

Tamen tacite ex jure recessisse videntur contrahentes, quum in ipso dando alter, ut vicissim res ab altero præstaretur sibi cavit. Dedi tibi pecuniam, ut mihi stichum dares, utrum id contractûs genus, pro portione emptionis et venditionis est? an nulla hîc alia obligatio est, quam ob rem datam re non secutâ. In quod proclivior sum et ideo si mortuus est stichus, repetere possum quod ideo tibi dedi, ut mihi stichum dares, finge alienum esse stichum, sed te tamen eum tradidisse repetere a te pecuniam potero, quia hominem accipientis non feceris, et rursus si tuus est stichus, et pro evictione ejus promittere non vis, non liberaberis, quominus a te pecuniam repetere possim. (Loi 16, D. de C. c. d. c. n. s. XII, 4. De pecuniâ datâ ut stichus detur).

Neque vero dubitandum, quin ea quoque, quæ aut de evictione, aut de vitiis qualitatibusque præstandis, in emptionibus præcepta sunt, etiam in rerum permutatione conveniunt, nisi rem repetere malit is, qui eam dedit.

Deinde aiunt ædiles, emptori, omnibus que ad quos ea res pertinet judicium dabimus : pollicentur emptori actionem et successoribus ejus, qui in universum jus succedunt; emptorem debemus accipere eum qui pretio emit; sed si quis permutaverit dicendum est, utrumque emptoris et venditoris loco haberi, et utrumque en hoc edicto experiri.

Si cum patruus tuus venalem possessionem haberet, pater tuus pretii nomine (licet non taxatâ quantitate) aliam possessionem dedit, idque [quod] comparavit : non injuria judicis, nec patris tui evictum est, ad exemplum ex empto actionis non immerito id quod tua interest si in patris jura successisti, consequi desideras. At enim si cum venalis possessio non esset, permutatio facta est idque quod ab adversario præstitum est, evictum est : quod datum est, si hoc elegeris, cum ratione restitui postulabis.

Similiter ea, quæ de pactis adjectis, tum vero de rescindendâ venditione propter læsionem ultra dimidium jure nostro cauta sunt, huic loco accommodare licet. Rem majoris pretis, si tu vel pater tuus minoris distraxerit : humanum est ut vel pretium te restituente emptoribus fundum venundatum recipias, auctoritate judicis, intercedente : vel si emptor elegerit, quod deest justo pretio recipias, minus autem pretium esse videtur si nec dimidia pars veri pretii soluta sit.

Permutationis quædam species est, divisio : ex quâ nascitur actio præscriptis verbis, si qua res, quæ ex divisione uni obtigit, ei fuerit evicta, et competit adversus eos quibuscum divisio facta est, eamve ratam habuerunt.

DROIT COMMERCIAL.

DISPOSITIONS GÉNÉRALES SUR LES SOCIÉTÉS COMMERCIALES.

(Art. 18, 19, 41, 46 et 47.)

INTRODUCTION.

Si l'homme était réduit à ses propres forces, ou plutôt si l'homme était réduit à sa faiblesse, ses besoins et ses désirs excédant la somme des moyens que la nature lui a donnés pour les satisfaire, il n'y aurait chez lui qu'une inactivité continuelle, qu'une incapacité absolue; isolé, comment résisterait-il à ses ennemis, comment réaliserait-il tous les projets que son imagination peut lui suggérer? Mais l'homme ne vit pas seul sur la terre, la nécessité lui commande de s'adresser à ses semblables pour travailler dans un intérêt commun, et cette réunion de forces, de volontés différentes, tendues vers un même but de réussite, est ce qu'on appelle la sociabilité; tout y porte l'homme, la nature lui en fait une loi, son organisation lui en donne le désir. Cette vérité a été exprimée dans tous les temps et sous toutes les formes; nous la trouvons établie par Cicéron dans son traité *De Officiis*, livre Ier, chapitre VII, *stoicis placet stoicis*. Sous le voile de l'apologue, La Fontaine l'a reproduite dans ses fables, et M. Lamennais, dans les *Paroles d'un croyant*, la démontre avec sa haute éloquence.

Ainsi dans l'état sauvage on a formé des sociétés pour la chasse, pour la pêche, ou bien afin de se défendre contre un ennemi commun. Plus tard, la civilisation portant ses fruits, les associations se multiplièrent, et sous l'ancienne Rome presque toutes les professions, qu n'étaient pas abondonnées aux esclaves, étaient exercées par des corporations qui mettaient en commun et leurs travaux et les bénéfices qui en résultaient. De nos jours l'esprit d'association a enfanté des prodiges; sans lui nous n'admirerions pas ces travaux gigantesques dont les nouvelles découvertes dans les sciences ont permis l'exécution. Les millions dépensés pour y *parvenir* n'étaient pas en la possession d'un seul; il a donc fallu qu'un grand nombre se réunissent pour atteindre un but hors de la portée de chacun, s'il fût resté isolément. Éléments de la grandeur et de la prospérité des nations, le peuple chez lequel cet esprit d'association se sera élevé au plus haut degré aura la prédominance; puissant, riche de forces à l'intérieur, il se fera pencher à son gré la balance des intérêts internationaux. L'Angleterre nous en offre un exemple. En France il nous reste beaucoup à faire; les premiers débuts dans la carrière n'ont pas été heureux, la cupidité, l'agiotage ont arrêté notre premier élan; mais en tout les commencements sont pénibles; espérons que bientôt l'appui d'une sage législation, l'encouragement d'un gouvernement éclairé nous feront parvenir rapidement au plus grand développement de l'esprit d'association.

S'il est vrai qu'il y ait un contrat de droit naturel, c'est certes le contrat de société; il n'était besoin de l'intervention du législateur, il n'était besoin de recourir à l'invention pour le donner au monde; il existe dans la nature, l'homme n'avait qu'à l'y prendre. Quelle est la nature de ce contrat? quelle en est la fin? Sa nature est l'union d'individus dans un avenir commun; sa fin est la réunion, l'addition de forces isolées, comme moyen d'exécution des conceptions de l'esprit humain, comme moyen d'accomplissement des grandes entreprises commerciales.

NOTIONS GÉNÉRALES.

Il y a des sociétés purement civiles, il en est d'autres purement commerciales; mais à quel signe reconnaîtra-t-on qu'une société est commerciale ou civile? dépendra-t-il du caprice de deux parties contractantes de se soumettre dans une société à l'empire du droit commun ou à celui tout exceptionnel du Code de commerce?

De même que la multiplicité des actes de commerce fait qu'une personne est ou n'est pas commerçante, de même la nature d'une société dépendra de la nature des faits pour l'exécution desquels elle s'est constituée; la société sera donc civile si elle n'a pour but que de faire des actes civils, elle sera commerciale si elle n'a pour objet que des actes de commerce (Arrêt de la Cour de cassation du 10 mars 1841).

Ces sociétés iront chercher leurs règles dans les dispositions exceptionnelles et particulières du Code de commerce et dans celles plus générales du Code civil.

Si une société organisée pour une exploitation civile ne peut être régie par le Code de commerce, il ne peut dépendre de la volonté d'un commerçant de se soumettre au Code civil. La législation commerciale est une législation toute d'exception, une dérogation du droit commun dans l'intérêt des tiers; elle est d'ordre public, et on ne saurait s'y soustraire; la société tout entière est intéressée à son maintien. Mais s'il est incontestable qu'un commerçant ne puisse se soustraire par des conventions à l'empire des lois commerciales, on ne peut nier que, dans une société civile, usant de la plénitude de la liberté du droit de contracter, les parties ne puissent se soumettre aux dispositions commerciales, et qu'ainsi que le Code civil permet de modifier le régime de communauté ou dotal par des dispositions particulières, il ne leur soit permis de modifier la société civile par des conventions dérogatoires du droit commun.

En vertu de ce principe qu'on ne saurait faire réfléchir sur des tiers des conventions que la loi ne défend pas et qui ne régissent que les parties qui s'y soumettent, les tiers ne peuvent se prévaloir de conventions qui n'obligent que les parties contractantes. Qu'un créancier d'une société civile qui s'est soumise à la solidarité de la société commerciale en nom collectif poursuive la société pour le payement de sa créance, poursuivra-t-il solidairement les associés, ou ne seront-ils tenus que chacun pour leur part? Nul doute à cet égard; ils n'ont pu lui nuire par un contrat qui lui est étranger, il ne peut s'en faire une arme contre les associés.

Il y aurait bien un moyen d'arriver au même résultat que si la société était commerciale de sa nature et légalement soumise à la solidarité; il suffirait que chacun des membres donnât à tous les membres de la société mandat d'agir et de s'engager en son nom; il y aurait bien solidarité, mais ce ne serait plus en vertu du contrat de société; ce ne serait qu'en vertu du contrat de mandat.

La loi commerciale n'a vu et n'a tracé dans l'art. 18 que quelques dispositions exceptionnelles; elle porte que le contrat de société se règle par le Droit civil, par les lois particulières au commerce et par les conventions des parties; elle eût dû ajouter et par les usages; elle l'a oublié, et si elle se tait à cet égard, le Code civil n'en dit pas davantage; il est pourtant constant que l'usage du commerce est une loi dont la puissance tacite régit d'une manière formelle tous les contrats où les parties n'y ont pas dérogé d'une manière expresse.

L'application, en second lieu, des lois particulières au commerce, à la formation et aux effets des contrats, parce que l'exception l'emporte sur la règle, et que là seulement où l'exception disparaît, la règle reprend ses droits. Ainsi le Code civil ne parle pas de la solidarité entre les membres d'une société; le Code de commerce est explicite et se prononce formellement pour la solidarité comme condition nécessaire, essentielle de tout contrat de société.

Il convient de parler ici des usages du commerce qui peuvent avoir établi une exception non écrite, et qui régissent le commerçant d'une manière absolue.

Le Code civil, dans une disposition relative aux sociétés commerciales (art. 1873), porte que les dispositions du contrat de société civile ne s'appliquent aux sociétés de commerce que dans les points qui n'ont rien de contraire aux lois et usages du commerce. C'est reconnaître que l'usage peut faire taire la loi; d'où il faut conclure deux divisions d'exceptions : l'exception établie par la loi, et l'exception établie par l'usage. Enfin viennent les conventions; Ulpien donne de la manière la plus claire et la plus frappante le motif de justice de cette disposition légale, dans la loi 1re au digeste, *de pactis*. Et c'était une maxime, un principe trop fécond en conséquences pour que le législateur pût l'omettre, le passer sous silence.

L'art. 1134 du Code civil dit : les conventions tiennent lieu de loi à ceux qui les ont faites; mais sous une condition essentielle, il faut que ces conventions soient légalement formées.

On distingue dans un contrat ce qui est de son essence et ce qui ne lui est qu'accidentel.

Est de l'essence du contrat tout ce qui est de plein droit de la manière la plus absolue, ce qui fait que le contrat existe et qu'on ne saurait écarter même expressément.

N'est accidentel que ce qui résulte d'une convention expresse, qu'on ne saurait suppléer tacitement, qui n'existe que parce qu'on l'a stipulé.

Quant à la nature du contrat, elle se rapproche de l'essence, en ce qu'elle existe de plein droit si on n'y a dérogé par quelque disposition particulière, qu'elle est inhérente au contrat comme ce qui est de son essence, s'il n'a plu aux parties de s'en débarrasser d'une manière expresse; de l'accidentel en ce que si les dispositions qui tiennent à la nature du contrat existent de droit, on peut y déroger par des conventions particulières.

DU CONTRAT DE SOCIÉTÉ ET DE SA NATURE EN GÉNÉRAL.

Le mot *société* se prend tantôt *lato sensu*, tantôt *stricto sensu*. *Lato sensu*, quand la société est une agglomération d'individus pour un même ordre de choses, et dans la même classe, une société littéraire, une société d'agriculture; *stricto sensu*, tel qu'il est défini par le Code civil; et encore prend-il deux acceptions différentes : il peut exprimer la convention elle-même, il peut vouloir dire la réunion des membres de la société.

C'est un contrat par lequel deux ou plusieurs personnes conviennent de mettre quelque chose en commun dans la vue de partager le bénéfice qui pourra en résulter. L'art. 1832 est complet, quelques auteurs ont cru qu'il fallait ajouter à sa rédaction et de participer aux pertes s'il y en a, addition parfaitement inutile, comme si le privilége, droit de prendre part aux bénéfices, n'attachait pas à l'associé copartageant bénéficiaire, la nécessité de droit, de supporter également les pertes.

Comme la vente, comme l'échange et le louage, c'est un contrat non solennel. On peut le former par acte authentique, par acte sous seing-privé ou verbalement; de plus il est consensuel, car le consentement seul des parties le rend parfait. Il est synallagmatique parfait, à titre onéreux et commutatif; il est synallagmatique parfait, non pas qu'il soit plus parfait que tout autre contrat, mais il est plus parfaitement synallagmatique, parce que dès l'instant qu'il existe il produit ses effets, il y a obligation de la part des contractants.

Tandis que dans le contrat synallagmatique imparfait, il n'y a encore que le germe d'une double obligation, une seule existe; l'existence de l'autre dépend de la production d'un fait qui peut avoir lieu, et qui, s'il se produit, entraîne par la seule force du contrat obligation de la part de l'autre partie. Ainsi, dans le mandat, dès qu'il y a acceptation il y a obligation pour le mandataire; le mandant n'est pas encore obligé, et son obligation ne naîtra que de l'existence d'un fait dans l'exercice des fonctions du mandataire.

Il ne faut pas confondre ce contrat qui ne peut se former sans le consentement des parties avec le quasi-contrat constituant une espèce de communauté; celui-là ne peut résulter que du concours des volontés de toutes les parties; dans la communauté il n'existe qu'une identité d'intérêts résultant d'un fait, soit dans une succession la communauté d'intérêts relative à la propriété entre héritiers, d'un immeuble par indivis.

Les apports font la matière de la société, lui impriment le principe vital, le bénéfice en est le but; il peut y avoir des pertes; toute société peut perdre, mais le but intentionnel a été de faire des bénéfices et de les partager; donc il y a nécessité de concourir aux pertes. Un arrêt de la Cour de cassation du 4 juillet 1826 a décidé que les sociétés ne peuvent se former que dans le but de partager les bénéfices ou les pertes, et si les compagnies d'assurances mutuelles ne sont pas soumises à ces règles essentielles de toute société, c'est que ce ne sont pas des sociétés selon la loi commerciale.

Les sociétés d'assurances à prime sont soumises à ces règles parce que les fondateurs de ces sociétés reçoivent tant par an de l'assuré et le garantissent en retour de tous dommages qui pourraient résulter de tout événement préjudiciable; et comme elles reposent sur des calculs de probabilité, il est juste que le bénéfice supporte la perte.

La contrebande est prohibée; toute société constituée dans le but de faire la contrebande en France est nulle dès le principe; par contre la jurisprudence a admis la validité de toute société instituée à l'effet de faire la contrebande en pays étrangers; un arrêt de la Cour d'Aix fort bien motivé, a adopté cette décision.

Indépendamment de ces règles, il en est une que le Code civil (art. 1838), pose d'une manière générale et qu'on ne doit appliquer aux sociétés commerciales que dans le *stricto sensu.* Il ne suffit pas que l'objet principal de la société puisse être l'objet d'une propriété; il faut qu'il soit commercial.

Le contrat commercial se distingue de toute autre espèce de contrats, en ce qu'il repose essentiellement sur la confiance que chaque associé a dans celui avec lequel il contracte. Il n'en est pas de ce contrat comme de ceux où on ne prend en considération que l'intérêt pécuniaire; c'est un contrat de personne à personne et en vue de la personne.

De ce principe, que les parties ne contractent qu'en vue de la personne, il résulte qu'on ne peut se substituer un tiers, qu'on ne peut l'associer à la société sans le consentement des coassociés, même dans le cas où on aurait l'administration de la société.

Il est cependant nécessaire d'établir une distinction.

Chaque associé a un intérêt matériel qui forme sa part dans la société; cette part qu'on appelle *croup*, il peut la céder; il peut, sans le consentement de ses associés, s'associer une tierce personne, relativement à sa part dans la société; il ne peut, sans ce consentement, l'associer à la société, parce que le choix des personnes est de l'essence d'un contrat qui établit entre les parties une sorte de fraternité; et lorsqu'un associé s'associe une autre personne pour sa part, il s'opère entre eux une société séparée de la première et bornée à cette part. *Nam socii mei socius, meus socius non est.*

Une conséquence naturelle de cette doctrine est que le tiers ne pourrait avoir quelque action contre la première société, qu'autant que, créancier lui-même de son associé dans la seconde, il exercerait les droits de ce dernier dans la première société en vertu de l'art. 1166.

Mais ce tiers, à raison de l'intérêt qu'il a dans la première société, peut s'immiscer dans les affaires de cette société et lui causer préjudice; l'associé cédant serait seul responsable. Pothier et Malleville pensent même qu'elle ne saurait avoir aucun recours contre ce tiers, parce qu'il n'est pas associé. Nul doute qu'elle ne puisse excercer l'action directe, résultant du contrat de société, l'action *pro socio*, mais elle aura une action résultant de ce fait d'immisciation qui constitue le quasi-contrat *de negotiorum gestorum;* et s'il n'y avait qu'une faute, qu'une imprudence, qu'une négligence de la part de ce tiers, elle aurait l'action qu'emporte le quasi-délit.

La société a une action; elle peut l'intenter, mais devant quel juge la porter? quel tribunal sera appelé à décider de la demande? Toute contestation en matière de société commerciale doit être portée devant des arbitres, se terminer par arbitrage forcé; sera-t-il dérogé à ce principe? Le croupier n'est pas associé, et l'art. 51 dit, que toute contestation entre associés et pour raison de la société sera jugée par des arbitres.

De ce principe fortement établi, qu'on ne peut en matière de sociétés commerciales se substituer un tiers, ressort cette déduction logique et exacte que cette prohibition de substitution cesse dans toute société par actions, et qu'ainsi dans une société anonyme, cent actionnaires vendent leurs actions, il n'y a que cent actions, cent nouveaux actionnaires forment la société, et elle n'en continue pas moins d'exister une, aussi entière que s'il n'y avait eu aucun changement, que si les actionnaires n'eussent cessé d'être les mêmes.

Cela tient à l'essence de cette espèce de société que l'on eût pu appeler avec plus de raison une compagnie.

S'il est une condition essentielle de l'existence d'un contrat de société, c'est l'égalité; l'harmonie entre les associés est l'élément du succès, et une société ne peut tarder de courir à une ruine certaine, à une dissolution prompte et sans remède, si la bonne foi, l'énergie, l'expérience de tous ne viennent lui imprimer la vie, lui donner la richesse et la maintenir dans la prospérité (L. 63, *au digeste pro socio*).

De ce que chacun est obligé de faire son apport dans une société, et que l'absence de cet apport de la part d'un membre en entraîne la nullité, il est nécessaire de déterminer la nature de cet apport.

Est richesse, tout ce qui a une valeur matérielle ou immatérielle: aussi le Code civil dit (art. 1833), que chaque associé peut apporter ou de l'argent ou d'autres biens, ou son industrie; une découverte, un brevet d'invention peuvent donc faire l'objet de la mise d'un associé; et plus, l'achalandage pourrait être l'objet d'un apport; c'est une valeur qui se vend, on la comprend dans la vente d'un fonds de commerce; puisqu'elle peut faire l'objet d'une vente, elle peut faire l'objet d'une mise.

On a été plus loin, on a été jusqu'à se demander si le crédit pouvait former l'apport d'un associé dans la formation d'un fonds social.

Il faut distinguer le crédit ou la facilité d'emprunt, à raison de la fortune, de la réputation, de l'exactitude d'un commerçant à satisfaire ses engagements; valeur réelle, élément le plus précieux et le plus productif de sa fortune, nul doute que ce crédit puisse faire l'objet d'un apport. Quant à ce crédit, qui consiste dans la protection d'un homme puissant, dans la promesse de faire obtenir par son entremise toutes les faveurs dont la société pourrait avoir besoin, on ne saurait en faire une mise de fonds, non pas que cette protection ne représente une valeur réelle, mais parce qu'une telle valeur est immorale, que ce serait trafiquer d'une chose qui n'est pas dans le commerce et que toute société doit avoir un objet licite.

Dans l'ancienne jurisprudence il était défendu à un frère d'user de la contrainte par corps à l'égard de son frère; par analogie on avait étendu cette prohibition aux associés; aujourd'hui il n'en est plus ainsi. La règle fondamentale est qu'une société doit être contractée dans l'intérêt commun des parties, et que chacun doit une mise au fonds social, que chacun doit son apport.

Le Code civil distingue deux espèces de sociétés, les sociétés universelles et les sociétés particulières.

La société particulière est celle qui ne s'applique qu'à certaines choses déterminées, ou à leur usage ou aux fruits à en percevoir. Le contrat par lequel plusieurs personnes s'associent, soit pour une entreprise désignée, soit pour l'exercice de quelque métier ou profession est aussi une société particulière (art. 1841-42).

La société est organisée, chaque mise est venue grossir le fonds social, chaque membre de la société y a un droit. Ce sera une part, un intérêt, une action suivant la nature ou l'ordre de la société. L'art. 529 déclare meubles par la détermination de la loi les actions ou intérêts dans les compagnies de finance, de commerce ou d'industrie, encore que des immeubles dépendant de ces entreprises appartiennent aux compagnies. Ces actions ou intérêts sont réputés meubles à l'égard de chaque associé seulement, tant que dure la société; comment peut-il se faire qu'une part d'immeubles soit mobilière? Il ne dépend d'aucun associé de demander la division et de dissoudre ainsi la société; chacun n'a qu'une part indéterminée dans l'immeuble dont la propriété est à la société qui est considérée comme un être de raison; chacun a un droit, une créance plutôt qu'une propriété; mais la société dissoute, son sort est fixé, les immeubles sont attribués aux membres sociétaires, deviennent leur propriété. Le droit vague se traduit en droit réel, libre à chacun de provoquer le partage, et le droit mobilier va devenir un droit immobilier; c'est un droit incorporel, s'exerçant sur des choses corporelles, un droit mobilier, incorporel, s'exerçant sur des immeubles, comme les droits incorporels d'usufruit d'usage s'exercent sur des choses corporelles

La Cour de cassation, par un arrêt du 7 avril 1824, a déclaré les actions sur les mines, mobilières; par un second arrêt du 14 août 1833 que le legs d'une action dans une société était un legs mobilier, et par un arrêt du 9 fevrier même année, que ces actions n'étaient passibles que du droit mobilier.

L'administration de l'enregistrement prétend que lorsqu'un associé apporte un immeuble dans le fonds social, il ne peut payer le droit de mutation au moment de l'apport, et que ce n'est qu'à la dissolution, lorsque l'apport redevient immeuble, qu'il y a lieu de percevoir le droit de mutation. Ce ne peut être que lors de la cession de l'immeuble à la société qui, comme être moral, en acquiert la propriété, que le droit de perception puisse naître, droit fort léger et qui explique cette prétention exorbitante de toute législation sainement entendue.

DES SOCIÉTÉS COMMERCIALES.

L'usage, les besoins du commerce avaient formé des sociétés bien avant que le législateur eût songé à s'en occuper. On en voit dès le douzième siècle; un peu plus tard on trouve les sociétés en participation; plus tard encore, au commencement du dix-septième siècle, paraît en France la Compagnie des Indes. Pour caractériser la doctrine profonde, abstraite, ingénieuse, sur laquelle repose la société commerciale, on a divisé les sociétés en sociétés qui sont des personnes morales et en sociétés qui ne le sont pas. La personne morale se prend dans deux sens, dans un sens large et dans un sens plus restreint. On entend par personne morale, *lato sensu*, tout corps, toute réunion d'individus liés entre eux par des rapports plus ou moins étroits; ainsi la réunion d'individus, résultant du quasi-contrat de communauté, est une personne morale; la masse des créanciers dans une faillite est une personne morale.

Les sociétés, *stricto sensu*, forment une personne morale proprement dite, et il y aura une personne morale lorsqu'au moyen de l'unité, la société représentera un être collectif imaginé dans l'intérêt de tous. et agissant au nom de tous. Cette société possède, contracte, acquiert des créances, a ses juges, son domicile et plaide; il faut oublier les efforts individuels, n'y voir qu'un être fictif créé par l'intelligence et qu'on fait fonctionner.

Quand chaque associé n'est pas tellement absorbé par la société qu'il conserve son individualité juridique, quand il a des droits à exercer, abstraction faite de la société, cette société ne constitue pas une personne morale parfaite et n'est qu'une société civile. Elle peut contracter des dettes, mais les individus ne sont pas tenus solidairement des dettes sociales (C. c., art. 1862), ne disparaissent pas juridiquement; chacun n'est tenu envers le créancier avec lequel ils ont contracté que pour une somme et parts égales (C. c., art. 1863).

Dans la société commerciale, c'est la société qui doit, les individus disparaissent et s'effacent entièrement; elle a ses organes qui la représentent; en s'adressant à ces organes, c'est à la société qu'on s'adresse, c'est elle qui répond. On conçoit la puissance qu'une pareille fiction donne au commerce, que de facilités elle offre pour les transactions commerciales!

Toute personne qui doit s'annonce extérieurement pour qu'on puisse la distinguer, s'adresser à elle; la société commerciale est une personne morale; il faut qu'on la connaisse, elle se fera connaître, elle se fera publier, afficher, on lui donnera son acte de naissance et on lui donnera un nom.

Par application de ce principe un arrêt du 24 août 1835 de la Cour de Caën a déclaré nulle la signification qui n'avait été faite qu'à la personne morale dans une société civile; et sur le pourvoi interjeté, la Cour de cassation, en adoptant les motifs, le confirma.

Il n'en est plus ainsi pour les sociétés commerciales; les individus disparaissant, s'effaçant, on ne connaît que l'être moral, on n'a prêté qu'à la personne morale, on n'assignera que la société.

De ce que la société commerciale forme une personne morale, il faut conclure qu'elle aura son domicile légal, que les assignations se donneront à ce domicile reconnu sans aucun égard au domicile particulier de chaque associé. L'art. 69, n° 6, du Code de procédure éloigne par ses termes mêmes toute idée d'appliquer cette disposition aux sociétés civiles. La comparaison de cet article avec l'art. 59 du même Code, portant assignation, en matière de société sans distinction aucune, de la société défenderesse devant le juge du lieu où elle est établie, semble emporter contradiction et appliquer la disposition de cet article d'une manière générale à toute espèce de sociétés.

Il n'y a dans la société civile ni être de raison ni personne morale qui joue un rôle juridique, et c'est parce que les associés sont connus et plusieurs, qu'il fallait choisir un tribunal devant lequel on pût les assigner tous; la loi dit devant le juge où elle est établie, parce que les sociétés civiles n'ont pas un domicile, mais un lieu où elles sont établies. Il en est ainsi en matière personnelle, en matière réelle, et c'est pour éviter la multiplicité des procès, pour qu'on n'en pût former qu'un, que l'art. 59 porte assignation devant le tribunal du siége de la société.

Quant à cette fiction d'une personne morale représentant toute société commerciale, il ne faut s'attacher à cette fiction que comme à une nécessité du commerce, comme à une puissance indispensable au crédit et à la richesse commerciale, la restreindre aux principes de justice et d'équité, et se garder d'en abuser comme l'ont fait un arrêt de la Cour de Toulouse du 13 juin 1827 et un arrêt de la Cour de cassation, année suivante.

Il s'agissait d'une coalition pour entraver la marche naturelle et libre du commerce, prévue par l'art. 419 du Code pénal. Traduits en police correctionnelle, les auteurs de cette coalition opposèrent leur formation en société représentant une personne morale, et qu'une personne morale, un être de raison ne pouvait former de coalition avec lui seul. C'est abuser d'un principe, d'une fiction pour éluder et anéantir cet art. 419; c'est contre tout principe de justice et d'équité.

On peut réduire les caractères et éléments constitutifs des sociétés commerciales à deux divisions : les sociétés de personnes et les sociétés de capitaux.

Les sociétés de personnes sont fondées sur la confiance mutuelle, le dévouement absolu, entier de chacun aux intérêts communs, où chacun engage sa fortune, sa personne, et peut seul agir au nom de tous. Ces sociétés offrent une garantie indéfinie; les tiers contractants ont pour gage de leurs créances l'actif social, la fortune, la personne même de chacun des sociétaires, et ces sociétés sont les sociétés en nom collectif.

Dans les associations de capitaux, il n'y a plus de considérations de personne, plus de confiance mutuelle; c'est l'intérêt qui forme la société, le capital en est le seul noyau et devient le seul gage des créanciers; point de responsabilité, les associés sont inconnus variables, chacun n'est sociétaire qu'autant qu'il a une part dans le capital, qu'il en est propriétaire; il peut la vendre, la céder; le capital, voilà le principal; les personnes voilà l'accessoire; ces sociétés sont les sociétés anonymes.

Ce sont là les deux éléments purs des sociétés commerciales, les besoins du commerce ont fait de la combinaison de ces deux éléments une société mixte, une société de personnes et de capitaux, la société en commandite. Elle présente deux catégories; dans l'une les associés pour personnes, dans l'autre les associés pour capitaux. Les premiers seront associés en nom collectif, les seconds seront actionnaires en société anonyme; ils versent une somme de et ne s'obligent au delà.

On a encore formé une espèce de société où les capitaux ne sont pas divisés en actions; c'est toujours la société en commandite avec cette seule modification que les associés pour capitaux sont connus et ne peuvent se substituer d'autres individus.

Indépendamment de ces trois sociétés principales, il y a une quatrième espèce de société commerciale: l'association en participation qui ne présente aucun caractère. Ce n'est qu'une convention reposant sur un objet unique, n'ayant pas les mêmes bases que les sociétés proprement dites, et ne pouvant avoir les mêmes effets ni produire les mêmes résultats. Société d'un moment on la forme verbalement, peut se faire au milieu d'un marché, d'une foire; nul lien de durée, n'offrant point de personne morale, et n'étant ni une société de personnes ni une société de capitaux.

Aussi Locré remarque-t-il que les membres d'une société permanente peuvent former une association en participation, sans que ces deux sociétés se confondent; elles ont une existence distincte; l'une peut tomber en faillite et l'autre rester debout. Le Code ne lui donne nulle part le nom de société, ne lui donne jamais que la qualification d'association et n'en désigne les membres que sous la dénomination de *participants*. Tout cela ne prouve qu'une chose, qu'elle diffère des autres espèces de sociétés et ne démontre nullement que ce ne soit pas une société commerciale. La différence qui la sépare des autres sociétés est immense; elle n'a aucun rapport avec elles, ce qui ne la laisse pas d'être commerciale. L'art. 50 reconnaît que les associations commerciales en participation ne sont pas sujettes aux formalités prescrites pour les autres sociétés. N'est-ce pas indiquer que c'est une société commerciale? C'est ce que la jurisprudence a consacré.

A la section II, consacrée à l'arbitrage forcé, juridiction toute exceptionnelle, l'art. 51 dit que toute contestation entre associés et pour raison de la société sera jugée par des arbitres; on a voulu tirer la conséquence que les associations en participation n'étant pas des sociétés commerciales, n'étaient soumises qu'au droit commun. Il eût été plus méthodique d'en reconnaître quatre à l'art. 19, tout en lui donnant dans l'énumération une dénomination différente. Trois sociétés commerciales donc, constituant une personne morale, une quatrième distincte des autres sans cesser d'être commerciale.

RÈGLES COMMUNES AUX SOCIÉTÉS COLLECTIVES EN COMMANDITE ET ANONYMES (art. 46).

Le contrat de société a été porté à la connaissance du public; on l'a initié aux clauses, on lui en a fait connaître les conventions; ce sont ces conventions, ces clauses qu'il a en vue lorsqu'il traite avec elle. Si, au moyen d'un acte clandestin, on pouvait revenir sur les statuts de la société, ce serait ruiner le crédit, détruire la confiance, il n'y aurait plus que déception pour le créancier, on tuerait le commerce.

Il faut que tout changement apporté au contrat de société se publie, se porte à la connaissance des tiers, de la même manière et en remplissant les mêmes formalités que pour l'acte de société (art. 46) : voilà le principe.

Voici les conséquences. Toute continuation de société, après son terme expiré, sera constatée par une déclaration des coassociés, soumise à une nouvelle publication, et il y aura lieu à un nouvel acte.

L'art. 1866 du Code civil porte que la prorogation d'une société à temps limité, ne peut être prouvée que par un écrit revêtu des mêmes formes que le contrat de société, si la mise toutefois excède 150 fr.; car il a fallu un acte pour établir cette société, il en faudra un pour la prolongation (C. c., art. 1834).

Cette distinction ne peut avoir lieu en matière commerciale, et il y aura toujours publication de l'acte, et on ne pourrait davantage l'admettre pour tous actes portant dissolution de société avant le terme fixé pour sa durée par l'acte qui l'établit. On a été plus loin et quelques auteurs ont prétendu que de même que pour dissolution avant terme, il y avait lieu à la publication du mariage entraînant dissolution par suite d'une convention insérée au contrat de société.

Cette opinion est au moins contestable; la dissolution par la mort de l'un des associés, n'est certes pas un événement dont il importe moins au public d'être averti, et n'est pourtant soumise à aucune publication. D'ailleurs, l'art. 46 ne comprend les publications de dissolution ni par suite de mariage ou de mort, ni de tout terme dépendant d'un événement futur et incertain.

Dans tout changement d'associés, comme dans le cas où la société continuerait avec les héritiers de l'associé défunt, le créancier a besoin de connaître individuellement quelles sont les personnes qui viennent prendre la place de l'associé cédant ou de l'associé mort; il faut en dire autant de toute retraite d'associés, il est de toute évidence que le public a intérêt de connaître ce fait.

Il en est encore ainsi de toutes nouvelles stipulations ou clauses, ce qui ne doit s'entendre des deux premières sociétés que pour les clauses qui doivent être soumises à la publication; on ne publie qu'un extrait des actes de société en nom collectif et en commandite; il faut restreindre le texte à cette disposition et décider qu'il n'y aura lieu à la publication qu'autant que ces stipulations ou clauses nouvelles auront rapport aux choses de l'extrait.

Les mots *tout changement à la raison sociale*, sont encore pris d'une manière générale dans le texte, il n'y a de raison sociale que dans les deux premières sociétés, et l'art. 46, en en faisant l'application aux trois sociétés, renvoie aux formalités prescrites par les art. 42, 43, 44; or ces articles n'exigent que l'extrait des deux premières, la remise, transcription et affiche de ces extraits, et ne dit pas un mot des sociétés anonymes, ce qui n'empêche pas que le principe ne leur soit également applicable avec modifications.

Autorisation nouvelle, publication analogue à celle du contrat primitif.

Le texte nous renvoie aux règles particulières de chaque société pour que, dans l'application, tout changement apporté dans une société soit constaté dans la même forme qu'elle a été constituée.

D'un autre côté, ces dispositions combinées avec les règles concernant les actes de société en empêchent l'application aux changements d'actionnaires dans les sociétés anonymes, de commanditaires dans la société en commandite.

L'omission de ces formalités ne produirait d'effets qu'à l'égard des associés, on ne pourrait opposer le défaut d'aucune d'elles aux tiers, au public, aux créanciers. Ce principe, il faut l'admettre d'une manière absolue, il l'a fallu pour éviter le doute, l'incertitude; la loi ne pouvait s'en rapporter qu'à l'observance des formalités, elle ne pouvait admettre d'autre preuve que leur accomplissement.

S'il y avait continuation de la société, sans publication de la clause du contrat, emportant continuation, elle serait considérée comme nulle, comme non avenue à l'égard des intéressés; il ne peut y avoir entre eux que les rapports résultant d'un quasi-contrat, d'une communauté d'intérêts; quant aux tiers, il suffit qu'ils le veuillent, et il y aura pour eux continuation de société; il est cependant juste de n'admettre cette continuation à leur égard que dans les formes de la société primitive; il y a tacite-réconduction; la nature et l'équité indiquent assez que les associés doivent rester dans les mêmes termes vis-à-vis des tiers.

L'introduction d'un nouvel associé, sans publication, serait encore nulle à l'égard des associés contre lesquels le nouvel associé ne peut l'invoquer, mais valable pour les tiers, qui peuvent le regarder comme un responsable, un coassocié solidaire.

En cas de retraite d'un associé, convenue par une clause écrite au contrat qu'on n'aurait pas soumise à la publication, elle est nulle de plein droit; le coassocié dont la retraite aurait été convenue, n'en reste pas moins dans la société et est tenu solidairement de tous ses engagements.

On ne peut admettre en matière de société commerciale, les dispositions de l'art. 1834 du Code civil, qui permettent la preuve par témoins, de l'existence de toute société, dès qu'il y a un commencement de preuves par écrit. Il faut pour qu'une société commerciale existe, un écrit ou contrat littéral, c'est une condition essentielle; toute société que ne constitue pas un écrit est nulle à l'égard des associés entre eux, nulle à l'égard des veuves et héritiers d'associés, nulle à l'égard des créanciers et ayant-cause. Les tiers pourraient cependant être admis à prouver l'existence d'une société, tant par témoins, que par leurs livres et leur corespondance; il ne serait pas juste qu'ils fussent dupes de leur confiance.

Il n'est pas besoin d'acte authentique solennel pour constituer une société en nom collectif ou en commandite; un simple contrat sous seing-privé suffit; mais la loi exige autant d'originaux qu'il y a de parties ayant un intérêt distinct.

Ainsi, toute société commerciale est littérale, la société anonyme seule est solennelle. Comme la preuve littérale l'emporte sur la preuve testimoniale, on ne pourrait admettre aucune preuve par témoins, contre et outre le contenu dans l'acte de société, ni sur ce qui serait allégué avoir été dit avant l'acte ou depuis, encore qu'il s'agisse d'une somme au-dessous de cent cinquante francs (C. com., art. 41); il doit subsister en son entier dans toute sa pureté.

Cependant rien n'empêche d'admettre la preuve testimoniale d'un consentement forcé; ce ne serait pas attaquer le contenu de l'acte, ce ne serait qu'en attaquer la validité. Un tiers qui prétendrait qu'il y a eu modification d'une clause à son désavantage, pourrait également en apporter la preuve; l'écrit ne fait foi qu'entre les intéressés, le tiers peut donc en prouver l'existence ou la non-existence. On pourrait encore recourir à la preuve testimoniale pour prouver la participation d'un commanditaire à un acte de gestion; c'est une contravention au contrat.

DES SUITES DE LA DISSOLUTION DES SOCIÉTÉS.

§ 1. *Liquidation.*

La législation a été avare de dispositions sur la liquidation des sociétés, elle ne dit rien ou presque rien. On appelle liquide, une chose claire; de là on a appelé liquidation, l'opération de rendre clair ce qui est trouble, obscur, embarrassé.

La liquidation est donc l'évaluation qui se fait de choses incertaines à une somme fixe. Pour ce, il faut terminer les opérations commencées faire rentrer les créances, payer les dettes, terminer les litiges, faire en un mot, tous les actes nécessaires pour arriver au partage.

Cette opération suit toute dissolution de société, c'en est une suite immédiate inséparable, qu'on ne regarde, par une fiction de la loi que comme la continuation de la société dont on reporte la dissolution à la liquidation parfaite. Ce n'est qu'une fiction; la société est bien dissoute, et on peut dire que la liquidation est à la société ce qu'une succession est au défunt dont elle continue la personne.

La jurisprudence de plusieurs arrêts a consacré ce principe; un arrêt du tribunal de la Seine du 8 septembre 1835 a même décidé qu'une société en liquidation pouvait être déclarée en faillite.

L'ancienne législation ne disait pas qu'un homme pût être déclaré failli après sa mort, la loi sur les faillites de 1838 a tranché la question.

Par arrêt de la Cour d'Aix du 18 août 1841 il a été déclaré que la liquidation, étant une suite nécessaire de la société, toute contestation entre associés, et pour raison de la société serait jugée par des arbitres, et que toute action relative aux intérêts de la société serait portée devant les tribunaux du siége de la société. La loi fiscale a voulu en conclure qu'une société en liquidation devait payer patente. Cette prétention exorbitante du droit de regarder une société en liquidation comme continuant d'exister a été repoussée par plusieurs ordonnances rendues en conseil d'État le 24 octobre 1834. Qu'un commerçant paye patente, cela est juste, comme représentation, comme prix et frais de la protection du gouvernement; mais il fait des actes de commerce, il spécule; ici on liquide, et si sous certains rapports la société existe, ce n'est que pour terminer des actes commerciaux; on ne se jette pas dans de nouvelles spéculations dans le but de bénéficier.

On prépose des liquidateurs pour procéder à la liquidation, et ces liquidateurs peuvent être pris dans le sein de la société ou au dehors. Leur nomination peut avoir été prévue et faite dans l'acte de société même; elle peut ne l'avoir pas été, et dans le cas de désaccord entre les associés, on en réfère au tribunal de commerce.

La mission des liquidateurs est de faire tout ce qui est nécessaire pour arriver à une prompte liquidation; mandataires de la société, ils sont soumis à toutes les règles du mandat, sous les modifications résultant de leur position et des usages du commerce. Si le liquidateur n'est pas un membre de la société, il n'y aura pour lui qu'un mandat pur et simple, et il sera soumis aux règles ordinaires du mandat; s'il avait été choisi parmi les membres de la société, la position n'est plus la même; il fait des opérations qui le regardent, qui l'intéressent, il est *procurator in rem suam.*

L'étendue des pouvoirs des liquidateurs est déterminée par l'acte qui les constitue, et si ces pouvoirs n'avaient pas été déterminés, la loi, se taisant, en vertu de ce principe, qui veut la fin veut les moyens, il leur faudrait le droit acquis et par la nature de leurs fonctions et par le seul effet de leur nomination de faire tout ce que nécessite une prompte et avantageuse liquidation (arrêt du 19 novembre 1835).

Un arrêt du 12 juin 1836 a jugé que des liquidateurs ne pouvaient hypothéquer les immeubles sociaux, se fondant sur le silence de la loi et sur ce qu'elle les assimile aux mandataires ordinaires, ajoutant qu'il arrivera bien rarement qu'on en soit réduit à l'hypothèque dans une liquidation, que les associés ne puissent fournir aux besoins de la liquidation sans contracter un emprunt sur hypothèque.

Les liquidateurs peuvent ester en justice; ils succèdent aux administrateurs; tout procès ne peut être intenté que par un représentant légal; il le sera à la requête et sous le nom des liquidateurs. C'est une dérogation au droit commun qui veut, que nul ne plaide par procuration; ce n'est au reste pas la seule: il en est des gérants des sociétés, il en est des syndics dans les faillites. Ce qui ne s'oppose pas à ce que les créanciers s'adressent directement à leurs débiteurs solidaires. Ajoutons que si le titre qui le constitue ne leur donne pas le droit de transiger, ils ne peuvent, à plus forte raison, compromettre (Arrêt du 15 juin 1808).

Ils sont tenus solidairement pour les engagements contractés par suite d'opérations commerciales à terminer (Arrêt de la Cour Royale de Paris, du 26 mars 1840), application exagérée, abusive de ce principe, que la liquidation est une continuation de la société. Un arrêt du 17 avril 1837 a décidé que les gérants des sociétés anonymes n'étaient pas tenus de cette solidarité que l'arrêt précité impose aux liquidateurs.

Soumis à la responsabilité qui pèse sur le mandataire, les liquidateurs sont traités avec plus ou moins de sévérité, suivant qu'ils sont salariés ou qu'ils ne le sont pas. Le mandat est gratuit de sa nature, il ne l'est pas de son essence, et les parties peuvent stipuler un salaire pour le mandataire (C. c., art. 1992). Tout acte commercial se fait dans le but d'en tirer un bénéfice; tous les contrats sont commutatifs; il n'y a pas de contrats de bienfaisance dans le commerce; le mandat est un contrat commercial; il est donc salarié de sa nature, et il ne pourrait être gratuit, à moins d'une disposition expresse; dans le silence de la constitution du mandat, il subit la règle commerciale.

Responsables comme mandataires, les liquidateurs doivent rendre compte de leur gestion (C. c., art. 1993), et l'art. 64 du Code de commerce nous donne le complément de cette matière, en limitant la prescription de toutes actions contre les associés non liquidateurs et leurs veuves, héritiers ou ayant-cause à cinq ans.

§ 2. *Du payement des dettes.*

Le payement des dettes d'une société rentre exactement dans les opérations de la liquidation. Toute la théorie repose sur la distinction des créanciers en deux espèces : les créanciers de la société et les créanciers d'un associé. La société peut emprunter, et si elle emprunte, elle devient débitrice. Mais abstraction faite de la société, un membre de cette société peut contracter des dettes pour son propre compte; il n'est plus question de la société; un associé a emprunté, son créancier est un créancier personnel. A la dissolution de la société deux sortes de créanciers vont se présenter; y aura-t-il partage par contribution? Le créancier personnel prétendra exercer les droits de son débiteur copartageant. Si l'actif de la société fait face à toutes les créances, la question ne se présente pas, mais dans le cas où il y aurait passif? Il faut appliquer cette règle du Code civil, que tous les biens du débiteur sont le gage commun de ses créanciers. L'actif social est à la société, les créanciers de la société peuvent seuls exercer un droit sur cet actif. Les créanciers personnels peuvent bien exercer tous les droits de leur débiteur, mais ils ne peuvent avoir plus de droits que ce débiteur; il a un droit sur l'actif de la société, mais il ne prime pas les créanciers de la société, il ne peut prétendre à quelque chose qu'après le payement intégral des dettes de la société.

Ceci est vrai pour toute espèce de société; on commence par en payer les dettes, et puis, s'il reste quelque chose, on procède au partage.

Tout créancier ne pouvant exercer, ni avoir plus de droits que son débiteur, il en résulte qu'il ne peut y avoir aucune concurrence entre les créanciers de la société et les créanciers personnels d'un associé; ils seront payés seuls intégralement avec l'actif social qui est leur gage.

Il peut arriver que la question se présente dans des sociétés où chaque associé est tenu solidairement pour toute la dette de la société. L'actif social épuisé par les créanciers de la société, ils ont leur recours contre chacun des associés; écarteront-ils les créanciers personnels? Tous sont dans la même position, ils ne peuvent donc écarter ces derniers, et tous viendront concurremment.

Il faut décider avec Toullier qu'il ne peut y avoir compensation des créances de la société avec les dettes personnelles des associés; il ne peut y avoir de compensation que là où il y a un créancier débiteur et un débiteur créancier. Ici il n'en peut être de même: il y a deux débiteurs et deux créanciers.

§ 3. *Du partage.*

La liquidation terminée, la position de la société est connue, la masse de l'avoir est déterminée; mais ces valeurs composant l'actif social, peuvent être de diverses natures; il peut y avoir des meubles, il peut y avoir des immeubles, et sa part dans cet actif social, nul ne la connaît, chacun a sur cette valeur déterminée un droit, un intérêt commun, mais il est dans l'indivision.

Le partage étant une suite, une continuation de la liquidation, sera une suite de la société, car les associés ont encore un intérêt indivis et commun. L'art. 59 du Code de procédure dit que la société, tant qu'elle existe, ne peut être assignée que devant le juge du lieu où elle est établie; l'art. 1872 du Code civil déclare toutes les règles concernant le partage des successions, la forme de ce partage et les obligations qui en résultent entre cohéritiers, applicables aux partages entre associés. L'art. 59 du Code de procédure ajoute qu'en matière de succession les demandes entre héritiers, jusqu'au partage inclusivement, doivent être portées devant le tribunal du lieu où la succession est ouverte; d'où il résulte que les demandes entre associés doivent être jugées, jusqu'au partage inclusivement, devant le juge du lieu où la société a son siége.

La situation respective des associés présente la plus grande analogie avec celle des cohéritiers dans une succession; la position des associés dérive d'un contrat, celle des cohéritiers d'un quasi-contrat, d'une communauté d'intérêts. Si la loi exige de la manière la plus sévère une égalité rigoureuse entre les cohéritiers, elle n'exige pas moins d'égalité entre les membres d'une société; quant à ce renvoi de l'art. 1812 du Code civil, il ne faut pas croire que toutes les règles applicables au partage en matière de succession, le soient au partage entre associés;

il n'y a lieu qu'à l'application de celles qui déterminent la forme et les suites du partage.

L'art. 882 permet aux créanciers d'un copartageant de s'opposer à ce que le partage se fasse hors de leur présence, d'y intervenir à leurs frais; mais il leur défend d'attaquer un partage consommé, s'il n'y a été procédé au préjudice d'une opposition qu'ils auraient formée; l'art. 1872 comprend-il cette disposition? elle n'est relative qu'au partage en matière de succession; ce n'est qu'une manière particulière d'intervenir, facultative aux créanciers d'une succession (arrêt du 20 novembre 1834). Quel sera donc le droit des créanciers de la société, combien leur sera-t-il donné de temps pour attaquer le partage? ils pourront attaquer le partage pendant dix ans. On donne pour raison de cette différence de procéder en matière de partage de société, que les créanciers d'une succession ont appris bien vite la mort de leur débiteur, que c'était à eux à veiller à leurs intérêts; qu'il n'en est pas de même de la dissolution d'une société, que la cessation s'en fait sans bruit et qu'il était du devoir du législateur de veiller pour le créancier.

La liquidation n'a assuré à chaque associé qu'un intérêt matériel pécuniaire, elle ne l'a pas déterminé; nul ne peut rester dans l'indivision et le partage peut toujours être provoqué, nonobstant toutes prohibitions et conventions contraires; ce principe est d'ordre public, on ne peut y déroger; ce serait porter atteinte au droit de propriété, susciter des querelles, des contestations; la loi ne veut pas que l'homme enchaîne ainsi la liberté de disposition d'un objet qui lui appartient; s'il en est ainsi en matière de succession, il en est à plus forte raison ainsi en matière de société. On pourrait cependant convenir de suspendre le partage pendant un temps limité, convention qui ne peut être obligatoire que pendant cinq ans, mais qu'on peut renouveler.

Le Droit romain contient au Codex, titre *mandati vel contra*, deux lois célèbres, les lois XXII, XXIII, *per diversas et ab Anastasio*, lois portées en haine des acheteurs du procès, qu'on pouvait évincer de toute prétention en leur payant le prix d'achat. Le Code s'est emparé de cette disposition expulsive et l'a étendue à l'acquisition de droits successoriaux, pour écarter les étrangers que la cupidité seule pousse à l'achat des droits de succession, et qui viendraient s'immiscer dans des secrets de famille, porter dans les partages leur esprit d'intérêt et de chicane; tout tiers qui ne serait pas le successible du défunt, sera donc écarté par le remboursement de son déboursé, sans égard à la valeur réelle de sa part dans la succession (C. c., art. 841). Cette faculté accordée aux cohéritiers se nomme retrait successoral ou d'indivision ; est-elle applicable en matière de société ? Tant que la société existe on ne peut se substituer de tiers, mais la société dissoute, la prohibition disparaît, et la vente de sa part dans le partage, par un associé, est licite; mais peut-on évincer ce tiers acquéreur? L'art. 1872 ne parle que des règles concernant le partage; sa forme et les obligations qui en résultent, le texte repousse donc le retrait, et le but qui a inspiré la disposition de l'art. 841, n'existant plus ici vient appuyer cette solution.

Chaque associé peut (C. c., art. 1861) s'associer une tierce personne relativement à la part qu'il a dans la société, sans le consentement de ses associés; mais ne pouvant, sans ce consentement, l'associer à la société, ce tiers ne peut s'immiscer dans le partage. Il en est ainsi dans la communauté qui présente une grande analogie avec le contrat de société (Arrêt de la Cour royale de Paris du 7 juillet 1836).

Si parmi les copartageants il y avait des mineurs, des interdits, l'action en partage s'exercerait par leurs tuteurs spécialement autorisés par un conseil de famille, et il faudrait recourir à l'application de toutes les dispositions que le législateur a cru devoir prendre pour les protéger.

Toute contestation entre associés, pour le partage, se porte et se décide devant des arbitres forcés.

Il est de principe que le partage est déclaratif et non translatif de propriété. C'est un principe juste, rationnel et fécond en conséquences. Le partage a un effet rétroactif, ou est censé avoir toujours eu la propriété de ce qui est tombé dans son lot, et ceci est d'une grande importance pour les hypothèques; l'hypothèque ne frappera que le lot dans lequel échéera l'immeuble affecté à la sûreté d'une créance; le copartageant n'en sera tenu que sur sa part et pour sa part, et il n'y aura pas de droit de mutation à payer, puisqu'on n'aura jamais cessé d'être propriétaire de ce que le sort vous aura adjugé.

Un arrêt du 14 avril 1835 a jugé que le copartageant adjudicataire d'un immeuble de la société n'est tenu de l'hypothèque que sur cet immeuble, qu'il ne saurait porter que sur cette part achetée, l'adjudication étant regardée comme un acte de partage.

Si le propriétaire de l'immeuble n'avait mis en société que l'usufruit, que la jouissance de cet immeuble, et qu'il en fît l'abandon lors du partage, il y aurait une véritable mutation, et il faudrait payer le droit de mutation.

L'hypothèque est un droit réel, qui suit l'immeuble, en quelque main qu'il passe, un droit indivisible, *est tota in toto et tota in qualibet parte;* il faut que l'immeuble se libère, qu'il paye, d'où il résulte qu'un copartageant ayant payé une somme plus forte que ne le porte sa part, aura une action contre ses copartageants.

Le partage est soumis, pendant dix ans, à l'action en rescision pour lésion d'un quart; pour maintenir l'égalité dans tout partage, il ne suffisait pas d'attribuer à chacun son lot; il fallait que chaque lot fût affecté, comme garantie de tout trouble, de toute éviction, résultant d'un fait antérieur au partage. Cette action en garantie devenait stérile par la dissipation de leurs parts respectives par les copartageants; on aura donc un privilége sur tous les immeubles de chaque associé, et on pourra prendre cette inscription dans les soixante jours à dater de l'acte de partage ou de l'adjudication par licitation.

FIN.

BIBLIOTHEQUE ROYALE
I

www.ingramcontent.com/pod-product-compliance
Ingram Content Group UK Ltd.
Pitfield, Milton Keynes, MK11 3LW, UK
UKHW020431230726
13925UKWH00004B/1691

9 782014 034776